Benard Ogere Ekemu
Male Vincent

Correspondência com os requisitos do trabalho

Benard Ogere Ekemu
Male Vincent

Correspondência com os requisitos do trabalho

Utilização de tecnologias baseadas na Web

ScienciaScripts

Cover image: www.ingimage.com

This book is a translation from the original published under ISBN 978-620-2-06875-8.

Publisher:
Sciencia Scripts
is a trademark of
Dodo Books Indian Ocean Ltd. and OmniScriptum S.R.L publishing group

120 High Road, East Finchley, London, N2 9ED, United Kingdom
Str. Armeneasca 28/1, office 1, Chisinau MD-2012, Republic of Moldova, Europe
Printed at: see last page
ISBN: 978-620-8-21780-8

Dedicação

Dedico este trabalho ao meu supervisor, Sr. Ogere Bernard Ekemu, que continuou a orientar-me e a supervisionar-me ao longo desta investigação.

Dedico-o também aos meus pais que se esforçaram por pagar as minhas propinas e todos os outros requisitos necessários durante a minha estadia na Universidade.

Agradecimentos

Gostaria de agradecer às seguintes pessoas pela realização deste projeto: -

O meu supervisor, Sr. Ogere Bernard Ekemu, cuja orientação não só garantiu que eu aprendesse muito, como também me permitiu terminar o projeto a tempo e no caminho certo.

Os meus pais e benfeitores que garantiram, contra todas as probabilidades, que eu tivesse tudo o que era necessário para concluir o meu curso com sucesso. Este relatório de projeto mostra que a sua ajuda financeira e orientação valeram a pena.

Por último, gostaria de agradecer aos meus colegas de curso pelo apoio físico e moral que me deram durante a minha investigação.

Índice

Abreviaturas

CV	: CURRICULUM VITAE
DFD	: DATA FLOW DIAGRAM
DSS	: DECISSION SUPPORT SYSTEM
ERD	: ENTITY RELATIONSHIP DIAGRAM
ESS	: EXECUTIVE SUPPORT SYSTEM
HTML	: HYPER TEXT MARK UP LANGUAGE
HTTP	: HYPERTEXT TRANSFER PROTOCAL
MySQL	: MY STRUCTURED QUERY LANGUAGE
PHP	: HYPERTEXT PREPROCESSOR
UMI	: UGANDA MANAGEMENT INSTITUTE

Resumo

Nesta investigação, foi desenvolvido um sistema baseado na Web para fazer corresponder as necessidades de emprego aos perfis dos candidatos a emprego. O Uganda Management Institute Kampala foi escolhido como caso de estudo devido à sua localização estratégica, à sua grande dimensão e à sua capacidade de empregados. O sistema desenvolvido destinava-se a poupar tempo e a reduzir os custos incorridos pelos empregadores no processo de correspondência entre os requisitos do emprego e os perfis dos candidatos e de os candidatos a emprego encontrarem os empregos certos. Para atingir os objectivos pretendidos, foram utilizadas entrevistas e revisão da literatura para a recolha de dados, de modo a obter conhecimentos sobre os sistemas de correspondência de empregos existentes; a questão orientadora da investigação foi "qual é o contributo da tecnologia baseada na Web para a eficácia do processo de recrutamento nas organizações?"

Na investigação realizada, foi entrevistada uma amostra de 80 inquiridos, 40 dos quais eram candidatos a emprego e 40 eram empregadores. De acordo com os dados recolhidos, 60% dos candidatos a emprego concordaram que o processo de procura de emprego deveria ser informatizado, 20% estavam interessados no sistema manual e 20% não responderam se o sistema deveria ser informatizado ou não. 75% dos empregadores preferiam que o processo de recrutamento fosse informatizado, 15% não encontravam qualquer problema com o sistema manual existente e 10% não apoiavam nem o sistema informatizado nem o manual.

Com base nos resultados acima referidos, concluiu-se que a tecnologia baseada na Web contribui muito para a eficácia do processo de recrutamento nas organizações. Este conhecimento foi então analisado para determinar os requisitos do sistema. O sistema foi concebido utilizando diagramas de contexto, de fluxo de dados e de relação entre entidades. O sistema foi implementado utilizando PHP e MySQL como linguagem de programação e sistema de gestão de bases de dados, respetivamente.

CAPÍTULO 1

1.0 Introdução

De acordo com Dillon (2006). Os requisitos do posto de trabalho são a comparação passo a passo dos conhecimentos, competências e capacidades com as competências necessárias para desempenhar uma determinada função numa organização.

De acordo com Cynthia, S e George, Y (2006), uma aplicação Web é uma aplicação que é acedida através de uma rede, como a Internet (rede de redes) ou uma intranet (rede interna de uma organização). O termo também pode significar uma aplicação de software de computador que é codificada numa linguagem suportada pelo browser, como o JavaScript e a Hyper Text Mark up Language.

Os classificados de emprego na Internet, os jornais e os recrutadores alteraram radicalmente o processo de contratação. Apesar do que estes serviços de recrutamento anunciam, encontrar o empregado perfeito não se tornou necessariamente mais fácil. Os recursos em linha fornecem enormes quantidades de currículos sem um processo para os gerir eficazmente. Os candidatos respondem aos anúncios de emprego à velocidade da Internet, mas os gestores de contratação demoram anos a responder. As palavras-chave e outros tipos de tecnologias de pesquisa e interpretação não conseguem resolver o problema de raiz na gestão de currículos e na identificação exacta de candidatos. Estas tecnologias são inadequadas para identificar, fazer corresponder e classificar rapidamente os melhores candidatos com base nos requisitos do emprego.

De acordo com Laudon, K.C e Laudon, J.P (2002), "os sistemas de informação são um conjunto de componentes inter-relacionados que recolhem, armazenam, processam, recuperam e distribuem informação para apoiar a tomada de decisões e o controlo numa organização". São eles: sistemas de apoio à decisão (DSS), sistemas de apoio aos executivos (ESS), processamento de transacções, informação de gestão, contabilidade e sistemas de correspondência. Esta investigação incidiu na área dos sistemas de matching. Estes sistemas comparam duas ou mais variáveis e apresentam uma solução com base em regras pré-determinadas. A ferramenta desenvolvida compara variáveis que definem requisitos de emprego e perfis de candidatos a emprego para selecionar os candidatos mais qualificados. Prevê-se que esta ferramenta de correspondência de empregos beneficie tanto os empregadores como os candidatos a emprego, minimizando os custos incorridos e o tempo gasto no processo de encontrar os empregados certos e os candidatos a emprego que procuram os empregos certos.

1.1 Antecedentes

O Uganda Management Institute (UMI) foi criado em março de 1992. O seu objetivo é reforçar a capacidade de gestão e institucional dos sectores público, privado e não governamental no Uganda e não só, oferecendo uma combinação de cursos de curta e longa duração para gestores de nível médio, superior e executivo; facilitando conferências, seminários e workshops; e fornecendo serviços de investigação, consultoria e ensino à distância. A UMI é o centro nacional de formação, investigação e consultoria no domínio da gestão e administração. Tem uma visão estabelecida para ser um instituto de desenvolvimento de gestão de classe mundial e uma missão declarada para se destacar no desenvolvimento da capacidade de gestão. O Uganda Management Institute emprega atualmente cento e sessenta e seis (166) funcionários nos diferentes departamentos para ajudar a concretizar a visão e a missão acima referidas.

O Uganda Management Institute e outras organizações, como o Ministério da Função Pública, fazem corresponder manualmente os requisitos do emprego aos perfis dos candidatos. A partir da informação recolhida no Uganda Management Institute Kampala, identificou-se que os empregos são anunciados através de meios de comunicação impressos e electrónicos. Normalmente, muitos candidatos candidatam-se a estes empregos, o que leva à receção de um grande número de candidaturas. Num anúncio para a posição de Assistente de Registo que apareceu no New Vision a 16/4/2012, página 49, oitenta (80) candidatos responderam a este anúncio, mas a instituição só tinha uma posição; noutra incidência semelhante, o Uganda Management Institute anunciou para uma posição de Escriturário de Dados e recebeu uma esmagadora quantidade de quinhentos candidatos, mas só tinha duas (2) posições para oferecer. Os empregadores fazem uma correspondência manual entre os requisitos do emprego e os perfis dos candidatos, a fim de obterem os candidatos adequados. Os candidatos selecionados são depois entrevistados.

No caso de o número de candidatos ser ultrapassado, é efectuado um teste de aptidão, juntamente com outras formas de entrevista, para obter a lista final de candidatos a quem serão oferecidos os empregos. O processo acima descrito é difícil de executar de forma eficiente e eficaz. Os empregadores gastam dinheiro para facilitar o trabalho do pessoal envolvido na correspondência entre os requisitos do emprego e os perfis dos candidatos a emprego e o processo em si leva muito tempo, por exemplo, um mês ou dois, dependendo do número de candidaturas recebidas, como refere a Sra. Ayebare Sandra (responsável pelos recursos humanos da UMI). O que torna a situação ainda pior é que, no final do dia, os candidatos mais qualificados podem não ser selecionados, uma vez que o processo de seleção pode ser caracterizado por stress e parcialidade. O investigador constatou também que, por vezes, nenhum dos candidatos se qualifica para os empregos anunciados.

Num inquérito realizado pelo investigador, foi também identificado que, no Uganda, alguns dos sistemas de correspondência de empregos existentes na Internet, como por exemplo o New Vision Job Mart, não têm uma base de dados centralizada que mantenha permanentemente os perfis dos candidatos. A ausência de uma base de dados centralizada impede as entidades patronais de verem os perfis de todos os candidatos interessados que poderiam ser potenciais empregados.

Alguns dos sistemas existentes, por exemplo, o Future Options Response Management System, permitem que os candidatos a emprego respondam aos anúncios de emprego, mas os empregadores demoram muito tempo a responder aos candidatos, o que faz com que as organizações percam os candidatos mais qualificados, uma vez que estes candidatos procuram oportunidades de emprego noutras organizações.

Foi desenvolvida uma ferramenta de correspondência de empregos baseada na Web, denominada Jobmart, para minimizar os problemas identificados com os actuais sistemas de correspondência de requisitos de emprego manuais e baseados na Web.

1.1.1 As insuficiências do atual sistema de correspondência entre oferta e procura de emprego.

Os sistemas Web de correspondência de requisitos de emprego analisados, tais como Future Options, Workforce411, WorkInTexas e New vision job mart, são sistemas em linha que fornecem serviços de correspondência de emprego. Estes sistemas fazem corresponder as necessidades de emprego dos empregadores aos perfis dos candidatos a emprego. Os empregadores registam-se em linha, procuram candidatos, publicam as suas ofertas de emprego e encontram resultados correspondentes. Por outro lado, os candidatos a emprego registam-se, procuram empregos e publicam os seus perfis.

Foram identificadas as seguintes deficiências;

A. Os actuais sistemas de correspondência de requisitos de emprego baseados na Web acima referidos apenas permitem que os candidatos a emprego se candidatem a empregos em resposta a anúncios e os seus perfis são mantidos enquanto houver uma vaga. Isto implica que os candidatos a emprego têm de carregar os seus perfis de cada vez que se candidatam a um emprego, o que consome tempo e é cansativo, pois as pessoas querem sempre fazer uma coisa de uma vez e utilizá-la para sempre.

B. Os sistemas de correspondência de empregos existentes na Web, como o Workforce411 e o WorkInTexas, não são personalizados para o Uganda porque o Uganda não está incluído nas suas localizações de emprego, o que implica que os candidatos a emprego e os empregadores no Uganda não podem utilizar esses sistemas de correspondência de empregos para se candidatarem e publicarem empregos, respetivamente.

C. Os actuais sistemas de correspondência de empregos baseados na Web, como o New vision job mart, não fornecem uma lista de candidatos pré-selecionados ao empregador, apenas permitem que os empregadores publiquem empregos de modo a que os candidatos a emprego os possam encontrar e candidatar-se off-line, o que representa um trabalho duplo para os empregadores e para os candidatos a emprego.

Em resposta às deficiências acima referidas, foi concebida e desenvolvida, com recurso a tecnologia baseada na Web, uma ferramenta de correspondência de requisitos de emprego denominada jobmart, para as resolver das seguintes formas

A. O Jobmart permite que os empregadores respondam rapidamente aos anúncios de requisitos de emprego dos candidatos a emprego, informando-os se foram bem sucedidos ou não.

B. O Jobmart é personalizado para o Uganda de uma forma que os locais de emprego estão limitados aos distritos do Uganda. Tem uma base de dados centralizada que guarda os perfis dos candidatos a emprego permanentemente, desde que ainda não estejam empregados.

C. O Jobmart permite que os empregadores tenham acesso direto a ele, pelo que podem atualizar as suas informações e ver todos os candidatos que se registaram e se candidataram aos seus empregos.

D. A Jobmart permite que os candidatos a emprego carreguem e editem os seus perfis quando desejarem; também gera uma lista de candidatos pré-selecionados para os empregadores.

1.2 Declaração do problema

Algumas organizações no Uganda, como o Uganda Management Institute Kampala, fazem corresponder manualmente os requisitos do emprego aos perfis dos candidatos. Este processo envolve a análise dos perfis dos candidatos para avaliar se correspondem aos requisitos da vaga. Este processo pode ser moroso, dispendioso e trabalhoso. As entidades empregadoras podem incorrer em custos mais elevados para facilitar o trabalho do pessoal envolvido no processo de correspondência e para adquirir material de escritório. Os candidatos a emprego gastam muito tempo e dinheiro a escrever e a publicar cartas de candidatura e perfis. Além disso, os actuais sistemas baseados na Web de correspondência de requisitos de emprego não respondem instantaneamente aos candidatos a emprego para os informar se os seus perfis correspondem ou não aos requisitos de emprego, não dispõem de uma base de dados centralizada eficaz que contenha

perfis de candidatos a emprego permanentemente e não são personalizados para o Uganda como um País.

1.3 Objetivo principal

O principal objetivo da investigação era reduzir os custos incorridos e o tempo consumido na correspondência entre os requisitos do emprego e o perfil do candidato, de modo a melhorar o processo em que os empregadores encontram os empregados certos e os candidatos a emprego encontram o emprego certo.

1.4 Objectivos específicos

Os objectivos específicos do projeto eram os seguintes

A. Analisar alguns dos sistemas informatizados e manuais de correspondência entre empregos existentes.

B. Conceber uma ferramenta informática que faça corresponder de forma eficiente e eficaz as necessidades de emprego aos perfis dos candidatos a emprego.

C. Implementar e testar a ferramenta utilizando tecnologia baseada na Web.

1.5 Âmbito do estudo

O sistema proposto limita-se aos procedimentos e práticas de recrutamento comuns no Uganda Management Institute. Trata-se, nomeadamente, de convocar candidatos através da apresentação dos requisitos do posto, receber os currículos dos candidatos, fazer corresponder os requisitos do posto aos perfis dos candidatos e selecionar os candidatos adequados.

1.6 Justificação

Os candidatos a emprego deslocam-se de um lugar para outro à procura de emprego e muitas oportunidades de emprego podem passar despercebidas. Por outro lado, os empregadores têm dificuldade em selecionar os candidatos necessários depois de receberem um grande número de candidaturas, porque têm de fazer corresponder manualmente os requisitos do emprego com os perfis dos candidatos.

1.7 Importância do estudo

As vantagens do sistema para a sociedade são, nomeadamente, a acessibilidade, a poupança de tempo e a redução de custos, como se explica nos três parágrafos seguintes.

1.7.1 Acessibilidade;

O sistema ajuda os candidatos a emprego a serem facilmente acedidos pelos potenciais empregadores quando existe uma vaga de emprego, uma vez que é um sistema informatizado com uma base de dados centralizada que armazena informações sobre os candidatos a emprego e as vagas de emprego disponíveis. As entidades patronais também beneficiam do facto de acederem facilmente aos potenciais empregados, iniciando sessão no sistema e consultando a base de dados.

1.7.2 Poupança de tempo;

O sistema proposto gera uma lista restrita de candidatos cujos perfis correspondem aos requisitos de emprego dos empregadores, mediante pedido. Isto poupa o tempo que os empregadores demoram a analisar as candidaturas manualmente, uma a uma.

Os candidatos a emprego não têm de redigir várias candidaturas para várias vagas de emprego, uma vez que os perfis são armazenados pelo sistema que serve todos os empregadores interessados que estão à procura de empregados. Isto poupa tempo e dinheiro aos candidatos a emprego, que poderiam ser utilizados na redação de formulários de candidatura.

1.7. 3Redução de custos ;

Algumas despesas envolvidas no processo manual são reduzidas e outras eliminadas. Essas despesas incluem a facilitação do pessoal necessário para o processo de correspondência. Os candidatos a emprego poupam o dinheiro que poderia ser utilizado na deslocação de um escritório para outro à procura de emprego e na apresentação de candidaturas

CAPÍTULO 2

ESTUDAR LITERATURA

2.1 Pesquisa bibliográfica

O estudo da literatura é a documentação de uma revisão exaustiva dos trabalhos publicados e não publicados de fontes secundárias de dados nas áreas de interesse específico para o investigador

2.2 Sistemas actuais

A. De acordo com Biobele Richards B (2007), para que uma organização (pública ou privada) possa ter o melhor desempenho possível, depende da natureza e do tipo de funcionários que possui. Para ter os melhores funcionários numa organização, não é por acaso, mas através de um exercício de recrutamento articulado. O recrutamento é um processo formal através do qual se obtêm indivíduos qualificados para desempenharem uma determinada atividade numa organização e, de entre estes, selecionam-se os mais qualificados para assumirem os deveres e responsabilidades de uma organização.

O processo de recrutamento de trabalhadores começa com a definição dos requisitos das funções, que são os resultados típicos das actividades de análise das funções e de planeamento dos recursos humanos. As informações resultantes da análise das funções e das actividades de planeamento dos recursos humanos conduzem à etapa seguinte do processo de recrutamento. Este processo inclui actividades como a atração de candidatos potencialmente qualificados para se candidatarem a lugares vagos numa organização ou o recrutamento fora da organização. A etapa seguinte consiste em pôr em prática os procedimentos a utilizar para classificar as qualificações relativas dos candidatos a emprego e avaliar o seu potencial para desempenharem bem um determinado cargo. Estes procedimentos incluem a correspondência entre os perfis dos candidatos a emprego e os requisitos dos cargos disponíveis.

O recrutamento de pessoal nas organizações é uma das tarefas mais importantes que um gestor deve realizar numa organização. Apesar destes aspectos, conclui-se que o processo de recrutamento de pessoal numa organização carece de equidade e transparência, o que torna difícil, se não impossível, recrutar os candidatos mais qualificados para os postos de trabalho disponíveis. Esta situação pode ser atribuída a factores como normas inadequadas e inválidas para a avaliação dos candidatos a emprego, fontes de localização dos potenciais candidatos, transparência e independência das autoridades de recrutamento e o mecanismo administrativo para a determinação das qualificações. O sistema desenvolvido não é influenciado pelos factores supramencionados ao nível da seleção, uma vez que procede a uma seleção automática dos candidatos qualificados depois de fazer corresponder os seus perfis aos requisitos do emprego.

B. Future Options Response Management (2007) "os candidatos a emprego podem entrar no site, registar-se, carregar os seus perfis, procurar e candidatar-se a empregos gratuitamente. Os candidatos podem candidatar-se às vagas de emprego anunciadas, bastando para tal clicar no botão "Candidate-se já" que se encontra em cada um dos anúncios de emprego. Os empregadores só terão acesso às candidaturas dos candidatos se estes se tiverem candidatado à vaga em causa".

O Jobmart permite aos candidatos a emprego iniciar sessão, registar-se, carregar perfis, procurar empregos e candidatar-se a empregos gratuitamente. No entanto, o Jobmart guarda os perfis dos candidatos a emprego independentemente de qualquer emprego anunciado, ao contrário das opções futuras que guardam informações sobre os candidatos a emprego apenas se estes se tiverem candidatado a um determinado emprego existente, o que ajuda o sistema a notificar automaticamente os candidatos a emprego através dos seus e-mails sobre as oportunidades existentes que correspondem aos seus perfis.

C. Workintexas.com, este sistema "oferece um sistema de informação e de correspondência de empregos em linha, em tempo real e sem custos, concebido para fazer corresponder empregadores de todas as dimensões e tipos com candidatos a emprego qualificados. As entidades patronais e os candidatos a emprego podem registar-se em linha, procurar candidatos a emprego ou empregos, publicar as suas ofertas de emprego ou qualificações e encontrar resultados correspondentes a uma vasta seleção de critérios. O serviço é acessível a partir de qualquer computador com acesso à Internet ou a partir de mais de 280 centros de emprego em todo o país".

Do mesmo modo, o Jobmart pode ser acedido a partir de qualquer computador com ligação à Internet. No entanto, os proprietários do sistema cobram aos empregadores uma pequena taxa pela sua manutenção e estão sediados no Uganda.

D. De acordo com Charles, J.C e William, C.B, (2000) Atualmente, existem milhões de currículos em mais de 30.000 sites de emprego na Internet. Estes permitem que os candidatos coloquem os seus currículos em jogo e esperem que algo aconteça. Os painéis de emprego ajudaram a criar palheiros de candidatos, mas deixam a tarefa de "encontrar a agulha" para a organização contratante - e os motores de pesquisa de palavras-chave não ajudam muito. Por exemplo, uma pesquisa de palavras-chave para qualquer currículo que mencione engenheiro eletrotécnico pode resultar em milhares de resultados.

A maioria das organizações encarrega os recrutadores de analisar os currículos, contactando as pessoas cujos currículos correspondem às necessidades. Isto ocupa muito tempo de recrutamento e o processo é altamente impreciso. Isto é compreensível porque os dados fornecidos pelos currículos são consistentes no tipo e profundidade da informação fornecida, mas faltam frequentemente dados clínicos. É necessário tanto tempo para o processamento que o bom candidato - aquele que se pretende - muitas vezes já aceitou uma posição noutra organização.

Para resolver todas estas questões, esta investigação desenvolveu um modelo de emprego que reduzirá o tempo de resposta para horas, causará uma impressão positiva nos candidatos através da interação que estes têm com o sistema e selecionará rápida e corretamente os candidatos não qualificados. Ao mesmo tempo, o WebScreen incentiva os candidatos qualificados a marcar imediatamente uma entrevista de emprego final ou a fase seguinte do sistema de seleção.

2.3 Sistemas de correspondência

O sector da saúde (2008) considera que um sistema informatizado de correspondência de requisitos profissionais é "um programa de software capaz de comparar sistematicamente o perfil de competências profissionais de um indivíduo (pontos fortes e fracos da profissão) com os requisitos de um emprego".

Dado que o sistema proposto é um sistema de correspondência de requisitos de emprego, comparará os requisitos de emprego com os perfis dos candidatos a emprego.

De acordo com Carrier Evolution System (1985), "a maior parte dos sistemas de correspondência de empregos utiliza modelos de bases de dados convencionais altamente estruturados na sua conceção. Consequentemente, o processo de procura de emprego (consulta) destes sistemas tende a ser muito rígido e é rápido a descartar informações que não podem ser convenientemente representadas por algum tipo de categoria de classificação".

Contrariamente ao que foi referido anteriormente, o Jobmart está configurado utilizando modelos de bases de dados relacionais na sua conceção. As bases de dados relacionais permitem que os dados sejam armazenados sob a forma de tabelas e sejam acedidos por vários utilizadores em qualquer altura.

2.4 Sistemas de informação

De acordo com a Ziff Devi's Publishing Holdings Inc, (2008) um sistema de informação é "uma aplicação empresarial do computador. É composto por uma base de dados, programas de aplicação e procedimentos manuais e de máquinas. Inclui também os sistemas informáticos que efectuam o processamento". Em relação ao acima exposto, o Jobmart tem aplicações que captam os perfis dos candidatos a emprego e os detalhes dos empregos disponíveis no mercado. Além disso, o sistema possui uma base de dados centralizada que funciona como ponto central para os candidatos a emprego que procuram emprego e para os empregadores que procuram potenciais empregados.

De acordo com o Management Information System (1990), "os dados são normalmente sujeitos a actividades de processamento, tais como calcular, comparar, resolver, analisar e resumir. Estas organizam, analisam e manipulam os dados, convertendo-os assim em informação para os utilizadores finais. A qualidade de quaisquer dados armazenados num sistema de informação deve também ser mantida por um processo contínuo de actividades de correção e atualização".

Em relação a isso, o Jobmart permite que os empregadores introduzam os seus requisitos de emprego e que os candidatos a emprego introduzam os seus perfis para que o sistema selecione os candidatos cujas qualificações correspondem aos requisitos de emprego introduzidos. Além disso, o Jobmart é suficientemente flexível para permitir que os candidatos a emprego actualizem os seus perfis.

De acordo com Cosentino e Byham (2000), muitas pessoas em todo o mundo que procuram oportunidades de emprego escrevem os seus perfis e carregam-nos nos painéis de emprego existentes. Isto significa que os candidatos a emprego têm de esperar um período de tempo desconhecido até que um anúncio de emprego que corresponda ao seu perfil seja carregado no quadro de empregos, altura em que podem passar ao nível seguinte do processo de recrutamento.

Os painéis de emprego ajudam as entidades patronais e as organizações contratantes a aproximar um certo número de candidatos e, a partir destes, a organização pode selecionar os candidatos que melhor se adequam aos requisitos do posto de trabalho para a entrevista final. O ponto fraco dos painéis de emprego existentes reside na sua incapacidade de selecionar os candidatos mais qualificados para a entrevista. Os motores de pesquisa de palavras-chave não são a melhor solução, uma vez que generalizam o que está a ser pesquisado. Por exemplo, uma pesquisa de palavras-chave para quaisquer perfis que mencionem engenheiro eletrotécnico pode resultar em milhares de resultados que podem não ser relevantes para os anúncios de emprego disponíveis.

Devido a este problema, as entidades patronais e as organizações contratantes recorrem a pessoal para analisar manualmente os perfis dos candidatos e contactar aqueles cujos perfis correspondem aos requisitos dos anúncios de emprego. Esta tarefa não é fácil, uma vez que muitas pessoas enviam os perfis mesmo quando as vagas disponíveis são poucas.

O processo demora muito tempo e está sujeito a erros humanos. No final do dia, o bom candidato, aquele que a organização pretende contratar, já aceitou uma posição noutra organização. Isto significa que a organização contratante fica a perder, uma vez que pode ser forçada a contratar um candidato com qualificações médias em vez do melhor candidato, devido ao longo processo que decorre durante o processo de recrutamento. O sistema desenvolvido resolve o problema acima referido, selecionando automaticamente o candidato mais qualificado para qualquer emprego publicado.

Lauren Weber (2012) Procurar anúncios em jornais e outros meios de comunicação social, escrever e imprimir currículos e cartas de candidatura e enviá-los por correio eletrónico ou entregá-los em mão à organização de recrutamento era bastante ineficaz. Com o avanço da tecnologia, esperava-se que estes problemas fossem resolvidos com a introdução de painéis de emprego em linha, que poderiam atrair um grande número de candidatos a emprego, uma vez que estes painéis estão sempre disponíveis para a procura de emprego.

Hoje em dia, os painéis de emprego contribuem em 20% para o número de empregados contratados nas organizações, de acordo com a Career Xroads, uma empresa de consultoria de RH. No entanto, os painéis de emprego não são isentos de fraquezas: a correspondência entre os perfis dos candidatos a emprego e os requisitos do emprego não é fácil, o que faz com que as organizações de recrutamento recebam um grande número de candidaturas em comparação com as vagas disponíveis.

Para afirmar o que precede, Joe Light (2011) diz que, para fazer uma contratação, as empresas de recrutamento passam por mais de seis vezes mais candidaturas provenientes de painéis de emprego do que as dos seus próprios sítios Web. Por exemplo, as empresas de recrutamento processam cerca de 219 candidaturas por posto de trabalho de candidatos que descobrem os anúncios num fórum de emprego como o Monster.com antes de encontrarem alguém que se adeqúe ao posto de trabalho, em comparação com 33 candidaturas por contratação daqueles que encontram postos de trabalho no sítio Web da empresa. O diretor financeiro da Jobs2web, Steve Shaffer, afirma que "quanto menos candidatos forem necessários, melhor"

Apesar de os quadros de emprego estarem mais lotados, continuam a ser uma importante fonte de contratação para muitas empresas (Gerry Crispin, cofundador da Career Xroads Inc, uma empresa de consultoria). Verificou-se que 25% dos candidatos externos a empregos provêm dos quadros de pessoal (estudo Career Xroads 2011)

2.5 Revisão da literatura

De acordo com Cosentino e Byham (2000), os candidatos a emprego esperam um longo período de tempo até receberem uma resposta dos empregadores depois de se candidatarem a um determinado emprego. A maior parte dos painéis de emprego são capazes de apresentar os empregos disponíveis aos candidatos e permitir que os empregadores carreguem empregos sempre que o desejarem, mas a técnica para fazer corresponder adequadamente os requisitos do emprego aos perfis dos candidatos e responder-lhes para os informar da sua situação não existe na maior parte dos painéis de emprego disponíveis.

A maioria dos sistemas existentes só pode ser utilizada para carregar empregos e permitir que os candidatos a emprego se candidatem a eles, mas não pode selecionar os melhores candidatos para a entrevista final. Isto implica que as organizações de recrutamento têm de analisar manualmente estas candidaturas, que normalmente são muitas, para selecionar os melhores candidatos com a experiência e as qualificações exigidas por essa organização. Isto atrasa o processo de recrutamento e, em vez de utilizar alguns dias para recrutar uma pessoa, são utilizados vários meses e, no final do processo de recrutamento, o melhor candidato já foi contratado por outra organização.

O sistema recentemente desenvolvido proporciona uma solução rápida que poupa tempo e dinheiro e é eficiente, uma vez que os resultados podem ser obtidos logo que necessário.

Laura Weber (2012) afirma que os painéis de emprego desempenham um papel vital no que respeita ao recrutamento de trabalhadores. Com os painéis de emprego em ação, os empregadores podem contar com uma variedade de candidatos de entre os quais podem escolher aqueles que mais se adequam às suas necessidades de trabalho. De acordo com a investigação realizada, 20% dos empregados contratados nas organizações actuais são-no através de painéis de emprego e espera-se que esta percentagem aumente devido às vantagens que advêm da utilização de painéis de emprego para contratar empregados.

O sistema recentemente desenvolvido contribuirá mais para o sector da contratação, permitindo que mais empregadores contratem trabalhadores adequados através deste sistema e que os candidatos a emprego encontrem as oportunidades de emprego certas utilizando o mesmo sistema. Prevê-se que, com o avanço da tecnologia, estes sistemas possam estar disponíveis em qualquer parte do país, de modo a que todos os que pretendam candidatar-se a empregos e os empregadores que procurem candidatos adequados os possam utilizar.

De acordo com Biobele Richards B (2007), é necessário seguir uma série de passos para recrutar um trabalhador que corresponda às expectativas de uma empresa de recrutamento. Estes passos incluem a definição dos requisitos para os empregos disponíveis, o convite à apresentação de candidaturas, a avaliação das candidaturas dos candidatos, a seleção dos candidatos mais adequados e a realização de entrevistas para escolher o melhor de entre eles. O sistema recentemente desenvolvido está à altura desta tarefa, em que os empregadores carregam os empregos e os seus requisitos no sistema e os candidatos a emprego se candidatam a esses empregos, o sistema efectua a correspondência entre os perfis dos candidatos a emprego e os requisitos do emprego e gera automaticamente uma lista dos candidatos mais qualificados que irão passar à entrevista final. O sistema recentemente desenvolvido está em conformidade com os procedimentos de recrutamento adoptados pelas diferentes empresas durante o processo de procura de empregados para preencher as vagas disponíveis.

Babaru 2003 sublinha que o processo de recrutamento carece de equidade e transparência, o que torna difícil, se não impossível, recrutar os candidatos mais qualificados para os empregos disponíveis. A maior parte dos factores mencionados que conduzem ao que precede resultam da intervenção humana no processo de recrutamento. Os seres humanos cansam-se muito rapidamente em comparação com os computadores e, por vezes, são tendenciosos na sua forma de agir, o que, no processo de recrutamento, não é desejável, uma vez que a empresa procura o trabalhador que melhor a possa servir.

Mesmo o tempo que um ser humano demora a analisar uma série de candidaturas é muito superior ao do sistema informatizado e, quando são contratados muitos indivíduos para realizar esse processo, a organização de recrutamento pode incorrer em custos elevados. O sistema recentemente desenvolvido resolve todas as deficiências acima referidas, uma vez que requer uma intervenção humana mínima no processo de recrutamento. O sistema faz corresponder automaticamente os requisitos do posto de trabalho com os perfis dos candidatos e produz uma lista apenas dos que são elegíveis para as entrevistas finais, o que evita os problemas de cansaço, preconceitos, stress, fadiga, entre outros, e torna o processo de recrutamento mais rápido do que quando é efectuado apenas por seres humanos manualmente.

Future Options Response Management (2007) "os candidatos a emprego podem entrar no site, registar-se, carregar os seus perfis, procurar e candidatar-se a empregos gratuitamente. Os candidatos podem candidatar-se às vagas de emprego anunciadas, bastando para tal clicar no botão "Candidate-se já" que se encontra em cada anúncio de emprego. Os empregadores só terão acesso às candidaturas dos candidatos se estes se tiverem candidatado à vaga em causa".

O Jobmart permite aos candidatos a emprego iniciar sessão, registar-se, carregar perfis, procurar empregos e candidatar-se a empregos gratuitamente. No entanto, o Jobmart guarda os perfis dos candidatos a emprego independentemente de qualquer emprego anunciado, ao contrário das opções futuras que guardam informações sobre os candidatos a emprego apenas se estes se tiverem candidatado a um determinado emprego existente, o que ajuda o sistema a notificar automaticamente os candidatos a emprego através dos seus e-mails sobre as oportunidades existentes que correspondem aos seus perfis.

CAPÍTULO 3

METODOLOGIA

3.0 Metodologia

Este capítulo descreve os métodos que foram utilizados para atingir os objectivos do sistema (Jobmart). Estes incluíram: recolha de dados, análise de dados, conceção, implementação e teste.

3.1 Métodos de recolha de dados

Na recolha de dados, o investigador leu a literatura relevante e entrevistou uma amostra aleatória de empregadores e candidatos a emprego.

3.1.1 Revisão de documentos

O investigador analisou documentos apropriados sobre a correspondência de empregos, por exemplo, livros brancos, actas do processo de seleção no Uganda Management Institute, jornais e literatura publicada sobre os sistemas de correspondência de empregos existentes, como o Future Options e o job mart da New Vision. Isto ajudou a identificar os pontos fracos dos sistemas existentes, para que não fossem incorporados no novo sistema, e a identificar os pontos fortes que foram integrados no novo sistema.

3.1.2 Entrevistas

Frey e Oishi (1995:01) definem a entrevista como "uma conversa intencional em que uma pessoa faz perguntas preparadas (entrevistador) e outra responde (inquirido)" Isto é feito para obter informações sobre um determinado tópico ou uma determinada área a ser investigada. As entrevistas são um instrumento útil que pode conduzir a outras investigações utilizando outras metodologias como a observação e as experiências (Jensen e Jankowski 1991:101).

O investigador entrevistou oralmente empregados e empregadores do Uganda Management Institute

Kampala, empregadores do Ministério da Função Pública, do Ministério do Território, Habitação e Desenvolvimento Urbano, e uma amostra de candidatos a emprego selecionados aleatoriamente em Kampala, com a ajuda de guias de entrevista. Um exemplo do guião de entrevista encontra-se no Anexo do relatório.

A população do estudo era constituída por 200 participantes, dos quais 100 eram trabalhadores e 100 eram empregadores. Utilizando a técnica de amostragem aleatória simples, foi selecionada uma amostra de 80 participantes para a recolha de dados, dos quais 40 eram trabalhadores por conta de outrem e 40 eram empregadores, sendo os resultados apresentados no capítulo quatro. A técnica de amostragem aleatória simples foi utilizada porque reduz o potencial de enviesamento humano na seleção dos casos a incluir na amostra; fornece uma amostra que é altamente representativa da população em estudo. Também permite a generalização, o que ajuda a representar os pontos de vista de toda a população. O tamanho da amostra de 80 participantes foi selecionado porque reflecte o limite do orçamento do investigador e o tempo de que o investigador dispunha para recolher dados da população e, em comparação com a população estudada de 200 participantes, 80 é uma representação bastante boa da população.

As entrevistas orais foram utilizadas para recolher mais informações sobre a forma como é efectuada a procura de emprego e a correspondência entre os requisitos do emprego e os perfis dos candidatos. Além disso, as entrevistas foram utilizadas para saber se os entrevistados estavam interessados no mercado de trabalho.

O método de entrevista foi utilizado pelas seguintes razões: é particularmente útil como estudo-piloto, para testar as respostas das pessoas a uma determinada questão. Pode lançar uma luz completamente diferente sobre uma questão que o entrevistador nunca tinha considerado anteriormente (Alison Oatey 1999). A liberdade de o entrevistado responder como quiser é importante para lhe dar uma sensação de controlo na situação da entrevista.

3. 2Concepção

Isto envolveu a conceção de aplicações e bases de dados.

3.2. 1Concepção da aplicação .

As aplicações foram concebidas para apoiar a interação entre os utilizadores e o back end do sistema. A conceção da aplicação foi realizada através da criação e da definição clara dos diagramas de fluxo de dados relevantes necessários no processo de conceção de um modelo para o sistema

3.2. 2Concepção da base de dados

A conceção das bases de dados envolveu a conceção concetual, lógica e física;

1. conceção concetual

Isto envolveu a identificação de entidades para o sistema, os seus atributos e chaves primárias, relações que ligam as entidades associadas, domínios e restrições de integridade. Os resultados deste projeto foram o modelo Entidade-Relacionamento e um dicionário de dados.

2. conceção lógica

A conceção lógica baseou-se no modelo de dados relacional. Envolveu a conceção de relações individuais, tais como Candidato a emprego, Empregador e Emprego. Estas tabelas foram ligadas utilizando chaves estrangeiras para marcar a relação. O resultado desta tarefa é um conjunto de relações normalizadas.

3. conceção física

A conceção física dizia respeito à forma como os dados são armazenados fisicamente. Esta foi implementada utilizando o sistema de gestão de bases de dados MySQL.

3. 3Aplicação

O sistema foi implementado através do desenvolvimento e teste de cada módulo de forma independente. Estes módulos foram depois integrados e testados como um todo para se obter um sistema totalmente funcional.

Para implementar o sistema, foram utilizadas as seguintes ferramentas: HTML, PHP, MySQL e JavaScripts. O PHP foi a principal linguagem de programação. A principal razão para utilizar PHP foi a sua compatibilidade e adequação à World Wide Web. A sua compatibilidade com o HTML e o facto de poder ser facilmente incorporado no HTML tornaram-no ideal para a conceção de páginas Web dinâmicas que eram recuperadas e visualizadas através de ligações HTTP. Era também uma linguagem de programação muito robusta e eficiente, com uma forte semelhança com a maioria das linguagens de programação em termos de caraterísticas e funções, e também acomodava procedimentos de programação orientados para objectos. O sistema de gestão de bases de dados MySQL foi utilizado para criar, manipular e consultar a base de dados.

3.3.1 Linguagem de programação JavaScript .

O sistema foi implementado utilizando JavaScripts para permitir a interatividade com as páginas Web. Os JavaScripts foram utilizados para verificar a validade dos dados introduzidos nas aplicações. Também foram utilizados para efetuar alguns cálculos simples sem utilizar o servidor.

3. 4Ensaios

O sistema foi testado através de testes unitários e de integração. Durante o teste unitário, os módulos unitários foram testados para verificar se estavam a funcionar como unidades individuais e durante o teste de integração os módulos unitários foram ligados entre si e testados para verificar se funcionavam em conjunto como um sistema.

CAPÍTULO 4

4.1 Apresentação dos resultados e análise dos sistemas

Este capítulo trata da apresentação dos resultados, da análise dos dados e dos requisitos do sistema

4.2 Resultados

O investigador realizou entrevistas para analisar alguns dos sistemas informatizados e manuais de correspondência de empregos existentes, tendo obtido as seguintes conclusões

Foi entrevistada uma amostra de 80 inquiridos, 40 dos quais eram candidatos a emprego e 40 eram empregadores. De acordo com os dados recolhidos, 60% dos candidatos a emprego concordam que o processo de procura de emprego deve ser informatizado, 20% estão interessados no sistema manual e 20% não responderam se o sistema deve ser informatizado ou não. Esta informação está representada na tabela 4.1 abaixo.

Quadro 4.1: Resposta dos candidatos a emprego sobre os processos pelos quais passam para obter emprego.

Question	Response	Frequency	Percentage
Means of application	Manual	31	77.5
	Electronic	9	22.5
Got the job	Yes	11	27.8
	No	29	72.2
Computerizing the process	Yes	24	60
	No	8	20
	Do not know	8	20

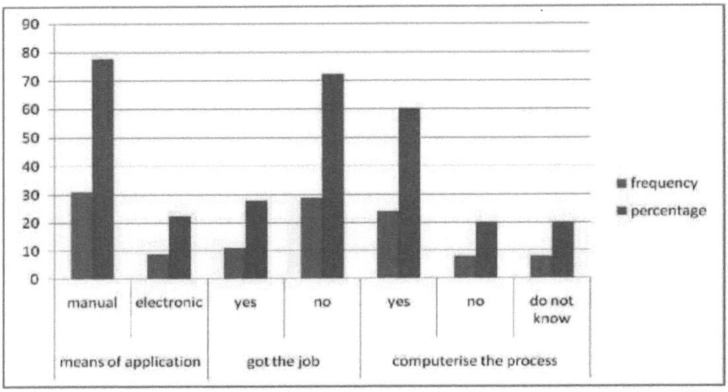

Gráfico A: Resposta dos candidatos a emprego sobre os processos que utilizam para obter emprego.

Entre os 40 empregadores entrevistados, 75% preferiam que o processo de recrutamento fosse informatizado, 15% não encontravam qualquer problema com o sistema manual e 10% não apoiavam nem a informatização nem o sistema manual. As informações acima estão representadas na tabela 4.2.

Tabela 4.2: Resposta dos empregadores sobre os processos que utilizam durante o recrutamento.

Question	Responses	Frequency	Percentage
Means of recruiting	Manual	37	92.5
	Electronic	3	7.5
Computerizing the process	Yes	30	75
	No	6	15
	Do not know	4	10

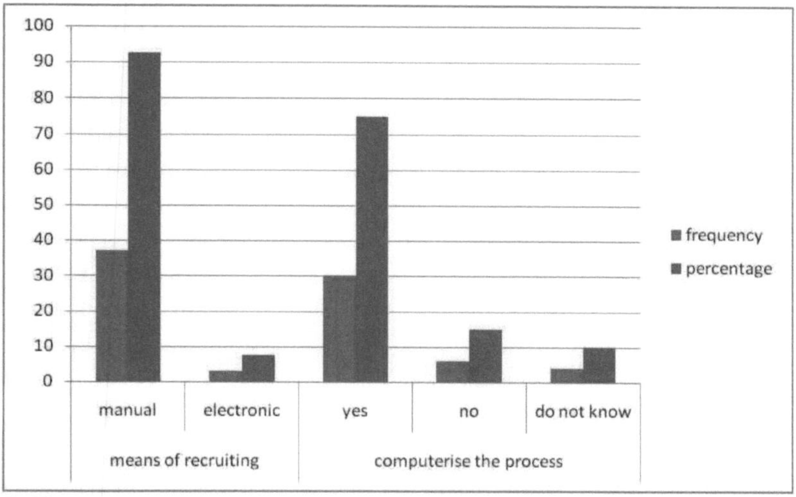

Gráfico B: Resposta dos empregadores sobre os processos que utilizam durante o recrutamento.

Uma análise do sistema existente revelou que a maioria dos sistemas de correspondência baseados na Internet não satisfazem as necessidades do Uganda, por exemplo. Os poucos sistemas de correspondência baseados no Uganda não têm uma base de dados centralizada que mantenha permanentemente os perfis dos candidatos a emprego.

Por conseguinte, era necessário informatizar o processo de procura de emprego por parte dos candidatos e de procura de emprego por parte dos empregadores, a um custo mínimo.

4.3 Conceção concetual da base de dados

A conceção concetual da base de dados envolveu a identificação das entidades, das suas relações e propriedades. Para além disso, foram também analisados os requisitos funcionais e não funcionais do sistema.

4.3.1 Requisitos funcionais.

Os requisitos funcionais são os serviços que o sistema fornece, ou seja, a forma como reage a determinadas entradas. O sistema satisfaz os seguintes requisitos funcionais:

1. O sistema deve ser capaz de processar os resultados da pesquisa para o utilizador e apresentar os resultados da base de dados na interface do utilizador.
2. O sistema deve ser capaz de registar e armazenar os dados do utilizador na base de dados.
3. O sistema deve ser capaz de registar os utilizadores registados nas suas contas.
4. O sistema deve permitir que os candidatos a emprego vejam todos os empregos disponíveis e os seus requisitos ou pormenores.
5. O sistema deve ter uma opção que permita aos utilizadores selecionar qualquer emprego a que se queiram candidatar.
6. O sistema deve ser capaz de processar a candidatura apresentada e outras informações pessoais e emitir uma resposta eletrónica.
7. O sistema deve permitir que os administradores registados iniciem sessão e actualizem a base de dados.
8. O sistema deve selecionar automaticamente apenas os melhores candidatos que preencham os requisitos de emprego fornecidos pelo empregador.
9. O sistema deve permitir que os empregadores vejam todos os candidatos a emprego disponíveis e os seus perfis
10. O sistema deve ter uma opção que permita aos empregadores selecionar os melhores candidatos para os empregos disponíveis.
11. O sistema deve permitir que os empregadores iniciem sessão e carreguem empregos

4.3.2 Requisitos não funcionais

Trata-se de restrições aos serviços das funções do sistema. Por conseguinte, o sistema foi concebido para satisfazer os seguintes requisitos não funcionais.

1. O sistema deve ser flexível e qualquer utilizador registado com ligação à Internet deve poder utilizá-lo.

2. O sistema deve ser compatível com os navegadores e sistemas clientes mais comuns.

4.3.3 Requisitos de software

Tabela 4.3: Requisitos de software

Item	**Minimum Requirements**
Operating system	Unix / Linux OS Windows server 2000 / 2003
Database management System	MySQL
Development environment	PHP, XML, HTML

4.2. 4Requisitos de hardware

Tabela 4.4: Requisitos de hardware

Item	**Minimum Requirements**
Processor	Intel Pentium IV, Cyrix, Celeron
Processor Speed	2.0 GHZ
Hard Drive Space	250 GB
Memory	2.0 GB RAM
Networking	Network Interface Card

4.2.5Entidades e suas relações.

As entidades que estão a ser modeladas são:

1. aplicação

Os atributos da entidade de aplicação são:

   a. application_id

   b. data_da_aplicação

2. categoria

Os atributos da entidade de categoria são:

   a. category_id

   b. nome_da_categoria

3. localização

Os atributos da entidade de localização são:

   a. id_localização

   b. nome_da_localização

4. trabalho

Os atributos da entidade de trabalho são:

   a. ID do trabalho

   b. duração_do_trabalho

   c. título_do_emprego

   d. job_position

e. emprego_salário

f. salário_do_emprego

g. estado_do_trabalho

h. trabalho_minagem

i. job_maxage

j. experiência profissional

k. qualificação_do_emprego

l. descrição_do_emprego

m. data_do_emprego

5. empregador

Os atributos da entidade empregadora são:

a. id_empregador

b. nome de utilizador do empregador

c. palavra-passe_do_empregador

d. telefone_do_empregador

e. empregador_fax

f. email_do_empregador

g. sítio web do empregador

h. nome_do_empregador

i. endereço_do_empregador

j. employer_location

k. descrição_do_empregador

6. candidato a emprego

Os atributos da entidade candidato a emprego são:

a. id do candidato a emprego
b. nome de utilizador do candidato a emprego
c. palavra-passe do candidato a emprego
d. candidato_a_emprego_primeiro
e. candidato_a_emprego_último
f. género_do_candidato_a_emprego
g. candidato a emprego_dob
h. nacionalidade do candidato a emprego
i. candidato_a_emprego_religião
j. estatuto de candidato a emprego
k. endereço_do_candidato_a_emprego
l. telefone do candidato a emprego
m. fax_de_procurador_de_emprego
n. email_de_procurador_de_emprego
o. candidato a emprego_intro
p. disponibilidade do candidato a emprego

7. Qualificação

Os atributos da entidade de qualificação são:

   a. Prémio
   b. Instituição
   c. Período
   d. Nível de educação

8. Experiência

Os atributos da entidade de experiência são:

   a. Título
   b. Período
   c. Organização
   d. Tarefas

9. Categoria_do_empregador

Os atributos da entidade employer_category são:

   a. ecategory_id
   b. nome_da_categoria

10. Tipo de empregador

Os atributos da entidade employer_type são:

   a. etype_id
   b. nome_do_tipo

4.2.6 Relações entre as entidades

1. O emprego tem localização
2. O candidato a emprego candidata-se a um emprego
3. Candidato a emprego envia candidatura
4. Emprego recebe candidatura
5. candidato a emprego escolhe a categoria de emprego
6. o empregador indica a categoria do emprego
7. localização dos ursos do empregador
8. o empregador fornece o emprego
9. o emprego tem categoria
10. o empregador vê a candidatura
11. o empregador escolhe a Ecategoria
12. o empregador escolhe o EType
13. candidato a emprego tem Experiência
14. o candidato a emprego tem qualificações

CAPÍTULO 5

5.1 Conceção e implementação do sistema.

Este capítulo apresenta a conceção e a implementação do sistema.

5.2 Conceção do sistema

Isto envolveu a utilização de diagramas de contexto, diagramas de fluxo de dados (DFD) e diagramas entidade-relacionamento (ERD) para representar os dados e o fluxo de dados no sistema.

5.2.1 Diagrama de contexto (Diagrama de nível 0)

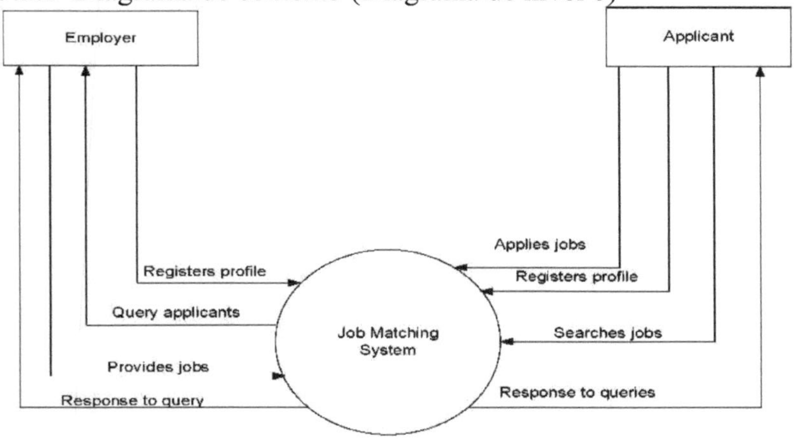

A figura 5.1 é um diagrama de contexto/lógica empresarial que mostra como as entidades externas interagem com o sistema.

As entidades externas incluem o empregador e o candidato.

Figura 5.1 Diagrama de nível 0 do sistema

5.2 . Diagramas de fluxo de dados de nível 1.

A figura 5.2 mostra os processos pelos quais um candidato e um empregador passam ao interagir com o sistema. Em primeiro lugar, o candidato regista-se e inicia sessão no sistema. O candidato pode então carregar o seu perfil, verificar a validade do perfil carregado e procurar os empregos disponíveis, enquanto o empregador regista o seu perfil, acrescenta empregos e recebe a candidatura do candidato.

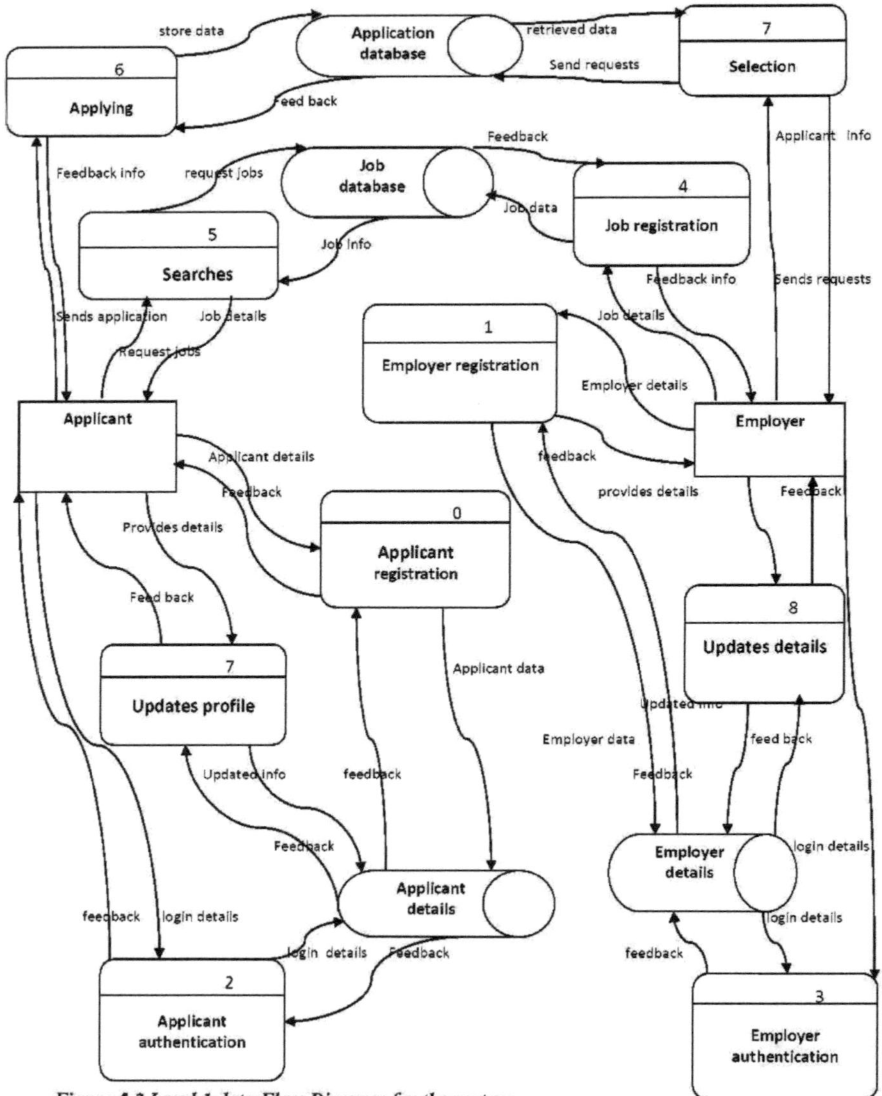

Figure 5.2 Level 1 data Flow Diagram for the system

Figura 5.2 Diagrama de fluxo de dados de nível 1 para o sistema

5.2.1 Diagrama de fluxo de dados de nível 2.

A figura seguinte mostra em pormenor o processo de correspondência. O processo de correspondência envolve a leitura dos perfis dos candidatos e dos requisitos do posto de trabalho, a comparação dos requisitos do posto de trabalho com os perfis, a seleção das correspondências e a compilação das correspondências.

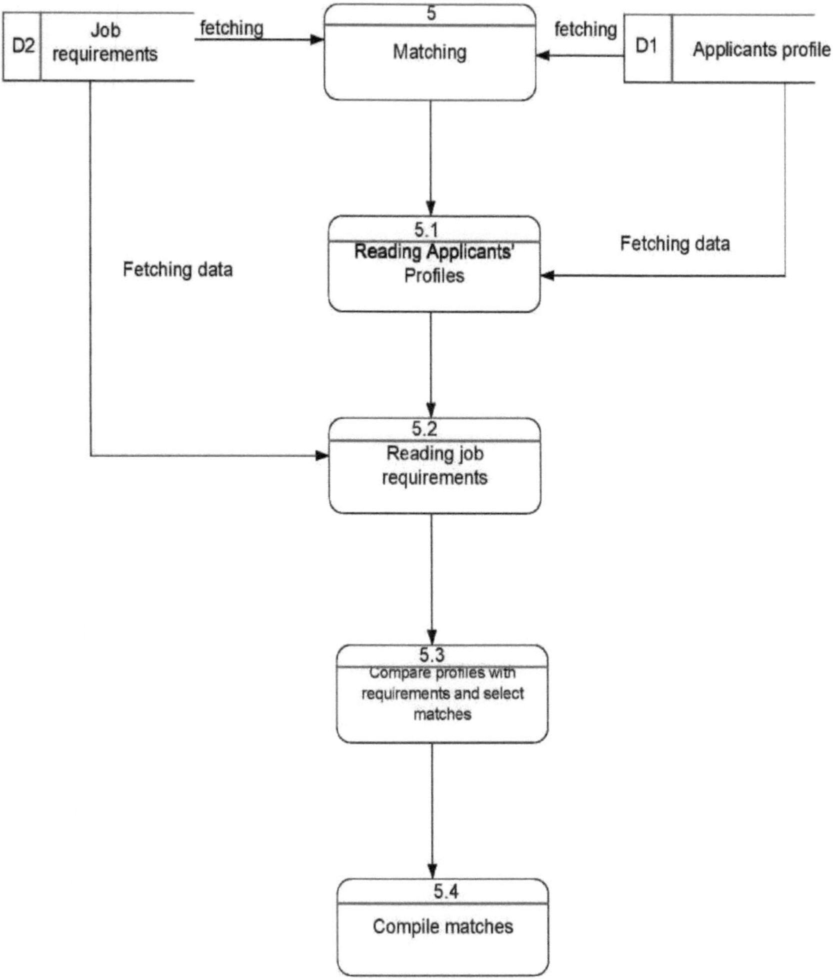

Figura5.3 Diagrama de fluxo de dados de nível 2

5.2. 2Diagrama Entidade-Relacionamento Avançado .

A figura seguinte é um diagrama entidade-relacionamento que mostra as diferentes entidades do sistema, os seus atributos e as relações entre as entidades.

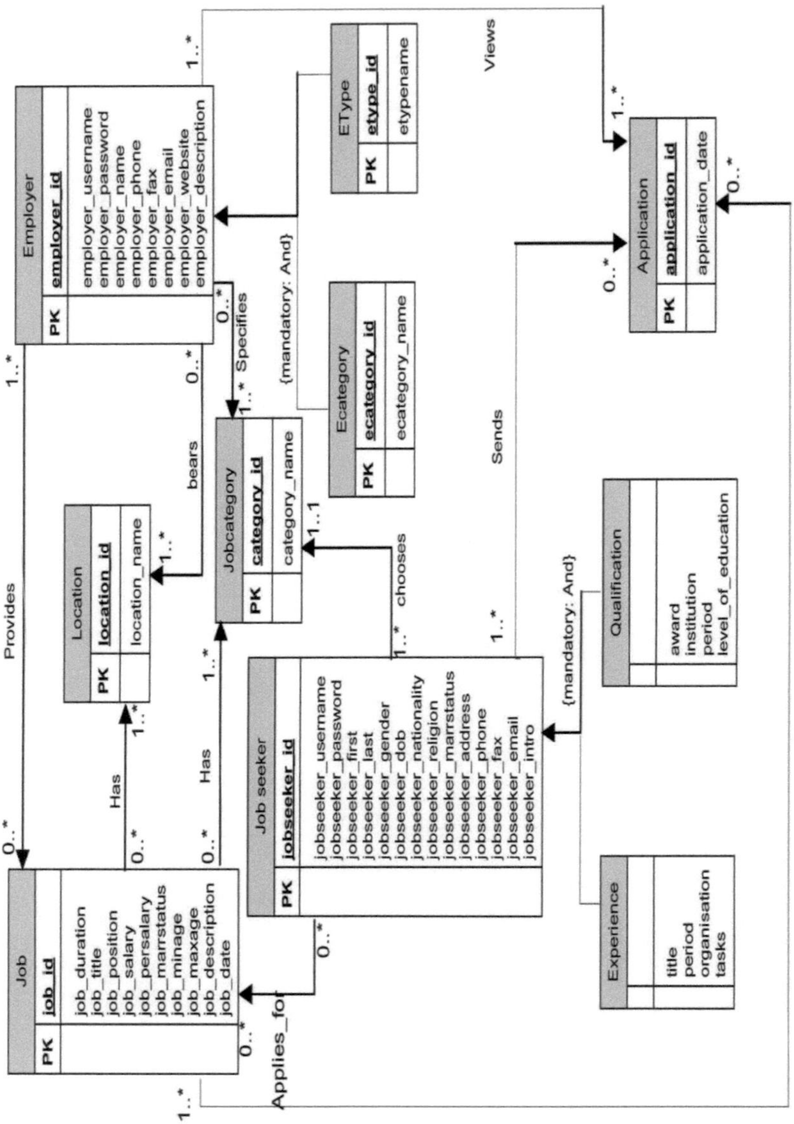

Figura5.4 Diagrama de relação entre entidades melhorado

A tabela abaixo é um dicionário de dados que mostra os detalhes dos atributos da entidade Diagrama de relacionamento

Quadro 5.1 Dicionário de dados

Relationship Name	Attributes	Description	Data type	Size	Nulls	Multivalued
Applications	application_id	Primary key (Unique identifier)	Integer	11	No	No
	application_date	Date of application	date	10	No	No
Categories	category_id	Primary key	Integer	11	No	No
	category_name	Job name	varchar	30	No	No
Employers	employer_id	Primary key (Unique identifier)	Integer	11	No	No
	employer_usernam e	Username of employer	Varchar	10	No	No
	employer_passwor	Employer's Password	Varchar	10	No	No
		Employer's First name	Varchar	15	No	No

	d	Employer’s Last name	Varchar	15	No	No
	employer_first	Employer Phone number	Integer	15	No	No
	employer_last	Fax number	Integer	15	Yes	No
	employer_phone	Email address	Varchar	20	No	No
	employer_fax	Website of the company	Varchar	20	Yes	No
	employer_email	Company’s name	Varchar	20	No	No
	employer_website	Company’s address	Varchar	15	No	No
	employer_name	Company’s location	Varchar	20	No	No
	employer_address	Job description	Varchar	100	No	No
	employer_location					
	employer_description					

Relationship Name	Attributes	Description	Data type	Size	Nulls	Multivalued
Jobs	job_id	Primary key (Unique identifier)	Integer	11	No	No
	job_duration	Time of work	Varchar	15	No	No
	job_title	Title of the job	Varchar	20	No	No
	job_position	Position to be held in job	Varchar	20	No	No
	job_salary	Salary of the employee	Integer	15	No	No
	job_persalary	Duration of salary	Varchar	15	No	No
	job_marrstatu	Marital status of	Varchar	10	No	No
	job_minage		Integer	11	No	No
	job_maxage		Integer	11	No	No

<table>
<tr><td></td><td>job_experience
job_qualification
job_description
job_date
employer_id</td><td>jobseekers
Jobseekers minimum age limit
Jobseekers' maximum age limit
Jobseekers' experience
Jobseekers' qualification
Job description
Date to start working
Foreign key of employer</td><td>Integer
Varchar
Longtext
Date
Integer</td><td>11
15
Longtext
Date
11</td><td>No
No
No
No
No</td><td>No
No
No
No
No</td></tr>
<tr><td>Jobseekers</td><td>jobseeker_id</td><td>Primary key</td><td>Integer</td><td>11</td><td>No</td><td>No</td></tr>
</table>

	jobseeker_username	Jobseekers' username	Varchar	15	No	No
	jobseeker_password	Jobseekers' password	Varchar	15	No	No
	jobseeker_first_name	Jobseekers' first name	Varchar	15	No	No
	jobseeker_last_name	Jobseekers' last name	Varchar	15	No	No
	jobseeker_gender	Jobseekers' sex (gender)	Varchar	10	No	No
	jobseeker_dob	Jobseekers' date of birth	Date	Date	No	No
	jobseeker_nationality	Jobseekers' nationality	Varchar	30	No	No
	jobseeker_religion	Jobseeker's religion	Varchar	20	No	No
	jobseeker_marrstatus	Jobseeker's marital status	Varchar	10	No	No
	jobseeker_address		Varchar	30	No	No
	jobseeker_phone		Integer	15	No	No

		Jobseeker's _address Jobseeker's phone number				

Entity Name	Attributes	Description	Data type	Size	Nulls	Multivalued
Jobseekers	jobseeker_fax	Jobseeker's fax number	Integer	15	Yes	Yes
	jobseeker_email	Jobseeker's email address	Varchar	20	No	No
	jobseeker_intro	Jobseekers' introduction	Varchar	100	No	No
	jobseeker_coverletter	Jobseekers' cover letter	longtext	Longtext	No	No
	jobseeker_qualification	Jobseekers' qualifications	Varchar	15	No	No
	jobseeker_experience	Jobseekers' experience	Integer	11	No	No
	jobseeker_category	Jobseekers' category	Varchar	20	No	No

	jobseeker_location	Jobseekers' location	Varchar	20	No	No
	jobseeker_position	Jobseekers' position	Varchar	15	Yes	Yes
	jobseeker_duration	Jobseekers' duration at work	Varchar	15	No	No
	jobseeker_salary	Jobseekers' salary	Integer	15	No	No
	jobseeker_availability	Jobseekers' availability at work	Varchar	10	No	No
Locations	location_id	Primary key (unique identifier)	Integer	11	No	No
	location_name	name of locaton	varchar	20	No	No
Ecategory	Category_id	Primary key (unique indentifier)	Integer	10	No	No
	Ecategory_name	Employer category name	varchar	20	No	No
Etype	Etype_id	Primary key (unique indentifier)	Integer	10	No	No
	Etype_name	Employer type name	varchar	20	No	No

Experience	Title	Experience title	Varchar	20	No	No
	Period	Experience period	Varchar	20	No	No
	Organization	Organization experience got	Varchar	20	No	No
	tasks	Tasks experience is got	varchar	20	No	No
Qualification	Award	Qualification award	Varchar	20	No	No
	Institution	Qualification institution	Varchar	20	No	No
	Period	Qualification period	varchar	20	No	No

5.3 Aplicação

O sistema foi implementado através do desenvolvimento e teste de cada módulo de forma independente. Estes módulos foram depois integrados e testados como um todo para se obter um sistema totalmente funcional.

Para implementar o sistema, foram utilizadas as seguintes ferramentas: HTML, PHP, MySQL e JavaScript. O PHP foi a principal linguagem de programação. A principal razão para utilizar PHP foi a sua compatibilidade e adequação à World Wide Web. A sua compatibilidade com o HTML e o facto de poder ser facilmente incorporado no HTML torna-o ideal para a conceção de páginas Web dinâmicas que serão recuperadas e visualizadas através de ligações HTTP. É também uma linguagem de programação muito robusta e eficiente, com uma forte semelhança com a maioria das linguagens de programação em termos de caraterísticas e funções, e também acomoda procedimentos de programação orientados para objectos. O sistema de gestão de bases de dados MySQL foi utilizado para criar, manipular e consultar a base de dados.

5.4 Teste do sistema

O sistema foi testado através de testes unitários e de integração; no âmbito dos testes unitários, cada módulo foi testado independentemente para verificar se os requisitos da unidade foram cumpridos; por exemplo, os módulos para os empregadores e para os logins dos candidatos a emprego foram testados utilizando dados de amostra e o processo foi bem sucedido. Após os testes unitários, as diferentes unidades foram integradas e foram efectuados testes de integração, tendo sido utilizados dados de amostra para verificar se o sistema aceitava os registos dos utilizadores, os logins, o carregamento dos perfis dos candidatos a emprego, o carregamento das ofertas de emprego, a possibilidade de os candidatos a emprego se candidatarem, a correspondência entre os requisitos do emprego e os perfis dos candidatos a emprego e a apresentação de uma pequena lista dos candidatos selecionados.

5.5 Resultados do sistema

O sistema conseguiu fazer corresponder os perfis dos candidatos a emprego com os requisitos dos postos de trabalho disponíveis e produziu uma lista de candidatos pré-selecionados num curto espaço de tempo. Por conseguinte, o sistema satisfez os requisitos dos empregadores e dos candidatos a emprego em termos de tempo, redução de custos e flexibilidade, pelo que a investigação foi um êxito e os objectivos da sua realização foram cumpridos.

5.6 Requisitos de formação dos utilizadores

O sistema foi concebido e desenvolvido de forma a ser fácil de utilizar, sendo necessário que o utilizador receba formação sobre como utilizar o sistema.

- Deve ter ou poder aceder a um computador ligado à Internet, uma vez que o sistema é uma aplicação baseada na Web.
- Deve saber ler e escrever (digitar) em inglês, uma vez que esta é a língua em que o sistema foi construído.
- Deve ter conhecimentos básicos de informática, nomeadamente no que respeita à navegação na Internet, ao carregamento e descarregamento de dados da Internet.
- Deve ter boa visão para estar em posição de olhar para um ecrã de computador durante pelo menos 30 minutos.

CAPÍTULO 6

Conclusões e recomendações

6.1 Conclusão

Em termos globais, verificou-se que a maior percentagem de candidatos a emprego (60%) e de empregadores (75%) está interessada na informatização do processo de recrutamento, o que justifica a pertinência da realização deste estudo.

Também deve ser salientado que existem alguns candidatos a emprego e empregadores que não encontram qualquer problema com o sistema manual e também aqueles que não têm a certeza se devem utilizar o sistema informatizado ou o manual; no entanto, esta é uma pequena percentagem que não afecta os resultados das conclusões da investigação em relação à afirmação do problema.

O sistema desenvolvido (jobmart) é rápido a responder às questões dos candidatos a emprego e dos empregadores, é personalizado para o Uganda como país e tem uma base de dados que armazena os perfis dos candidatos a emprego, de modo a que estes não precisem de os carregar sempre que se candidatam a empregos.

O sistema foi desenvolvido e testado utilizando linguagens de programação comummente utilizadas, como PHP, MySQL e HTML, que são independentes da plataforma e estão amplamente difundidas em diferentes organizações. O Jobmart também possui interfaces gráficas de utilizador fáceis de utilizar, tanto para os candidatos a emprego como para os empregadores, o que facilita o trabalho.

Nesta era de avanço da tecnologia, o recrutamento de trabalhadores qualificados e a procura do emprego certo são dois factores importantes para o desenvolvimento organizacional e individual, respetivamente. A redução do custo e do tempo necessário para recrutar um trabalhador numa organização é um fator de vantagem competitiva e o novo sistema desenvolvido (Jobmart) aborda esta questão.

6.2 Recomendações

1. Muitas pessoas no Uganda não têm computadores pessoais ligados à Internet, o que constitui um revés na utilização óptima do sistema desenvolvido. No entanto, os candidatos a emprego e os empregadores podem utilizar os centros de Internet disponíveis nas diferentes partes do país para ter acesso a este sistema, para os empregadores com acesso à Internet nas organizações, este é um bom recurso para a utilização adequada do sistema recentemente desenvolvido, esperando-se que, com o avanço da tecnologia, o acesso a recursos como a Internet se torne mais barato e que uma percentagem média da população tenha acesso à Internet num futuro próximo, o que aumentará a acessibilidade dos utilizadores ao sistema recentemente desenvolvido, que é baseado na Web.

   O sistema pode ser configurado para funcionar offline na rede local do empregador; isto ajudará a otimizar a largura de banda limitada disponível para a maioria das organizações no Uganda, o que ajudará os empregadores a prosseguir com o processo de recrutamento mesmo quando o sistema não está a funcionar online.

2. Para certificar as qualificações académicas dos candidatos a emprego, os futuros investigadores devem ligar o Job mart às comissões de exame nacionais e universitárias, para que as qualificações académicas dos candidatos a emprego sejam certificadas ao nível da candidatura. Isto reduzirá o problema do recrutamento de trabalhadores com qualificações académicas falsas.

3. Em investigação futura, deve ser analisado o aspeto da relevância da experiência do candidato para o emprego a que se candidata. Os futuros sistemas devem estar em condições de medir a relevância da experiência do candidato para os empregos a que se candidata.

4. Para facilitar a recolha das necessidades dos empregadores e dos candidatos a emprego, deveria ser realizada uma investigação futura para avaliar a sua satisfação com o sistema e recolher ideias sobre como o serviço pode ser melhorado.

5. Deve existir um sistema de cópia de segurança de todos os ficheiros armazenados em linha durante todo o tempo em que o sistema estiver a ser utilizado; deve haver um controlo automático em caso de falha.

6. Para aumentar a segurança, recomenda-se a incorporação de diferentes níveis de utilizadores, de modo a que cada utilizador tenha direitos e autorizações diferentes para a confidencialidade da informação.

7. Deve ser incluída no sistema uma secção de orientação profissional para orientar os candidatos a emprego sobre a forma de obter os empregos certos.

8. Os futuros criadores devem melhorar o sistema para responder às necessidades dos candidatos a emprego com deficiência, como os invisuais.

CAPÍTULO 7

Referências

Charles J. Cosentino, PhD, e William C. Byham, PhD. Using Web-Based Technology to Hire Better People Faster (white paper) Development Dimensions International

Cynthia, S e George, Y (2006). Escrever aplicações Web acessíveis.

Dillon T, M (2006). Descrições de funções: Their Creation, Use, and Value (White paper) CAE Dental practice.

Frey, J.H & S.M.Oishi (1995): How to Conduct Interviews by Telephone and in Person.

Opções futuras Sistemas de gestão de respostas. (2007). Recuperado em 02 de março de 2012, do site http://www.futureoptionsug.com/hr/rms.php

Gellersen, H. Gaedke. (2005) an object-Oriented Model for the web Application Development process, IEEE Internet Computing.

Jensen, Klaus B & Nicholas.W. Jankowski (1991): Handbook of Qualitative Methodologies for Mass Communication Research.

Joe Light. (2011). Para quem procura emprego, os sites de empresas superam os classificados de emprego online. Available: http://online.wsj.com/article/SB10001424052748703806304576236731318345282.html. Último acesso em 25 de setembro de 2012.

Laudon, K.C e Laudon, J.P (2002). Management Information Systems: Managing the Digital firm 7th Edition. Upper Saddle River, New Jersey: Prentice-Hall International, Inc.

Lauren Weber. (2012). putting job boards to work. Disponível: http://blogs.wsj.com/atwork/2012/06/06/putting-job-boards-to-work/. Último acesso em 25 de setembro de 2012.

Lynne A. Dunbrack e Marc Holland. The Critical Need for Connected Healthcare (White Paper)

Meeting Today's Integration Challenge.

Oatey A (1999) The Strengths and Limitationsof Interviews as

Uma técnica de investigação para estudar os espectadores de televisão.

Connolly, T. e Begg, C. (2005). Database Systems: A practical Approach to Design, Impementation and Management: Addison-Wesley

CAPÍTULO 8
Apêndices

Apêndice A

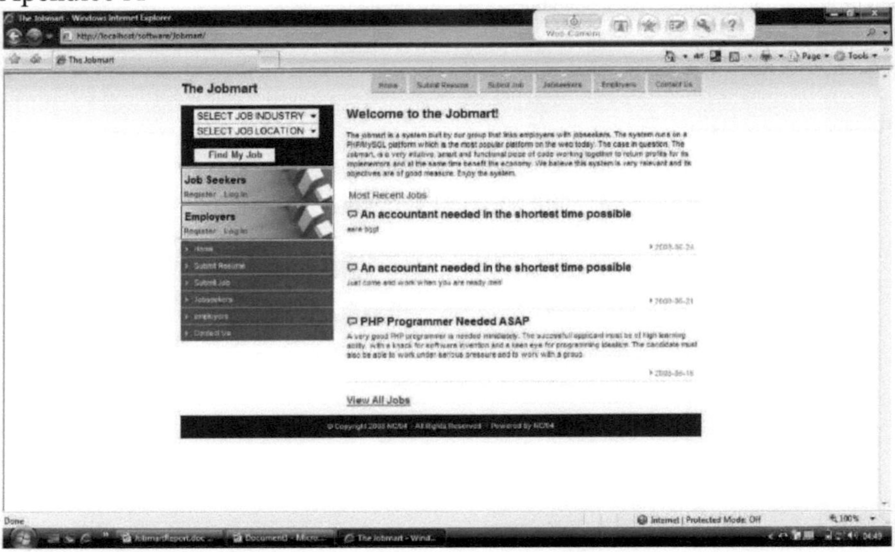

Figura 1. Página inicial

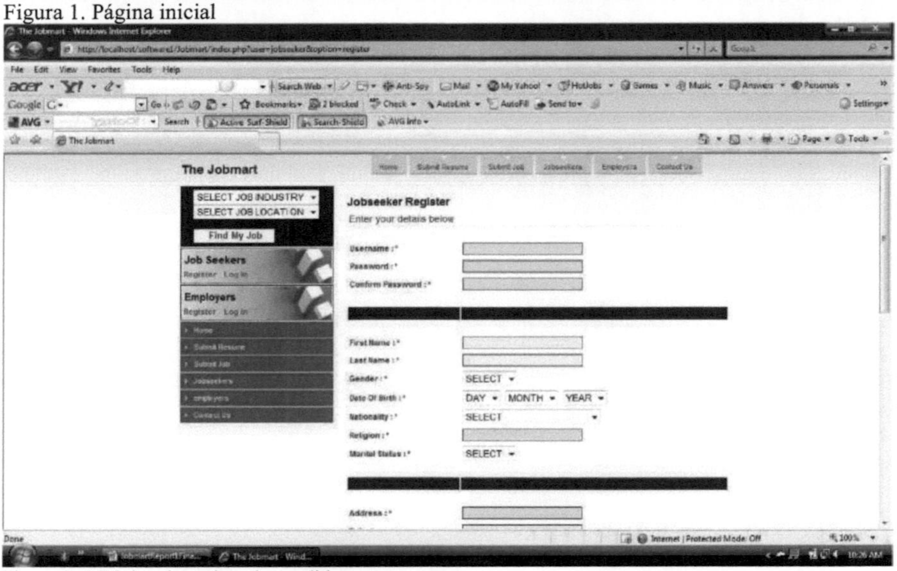

Figura 2 a) Página de registo do candidato a emprego

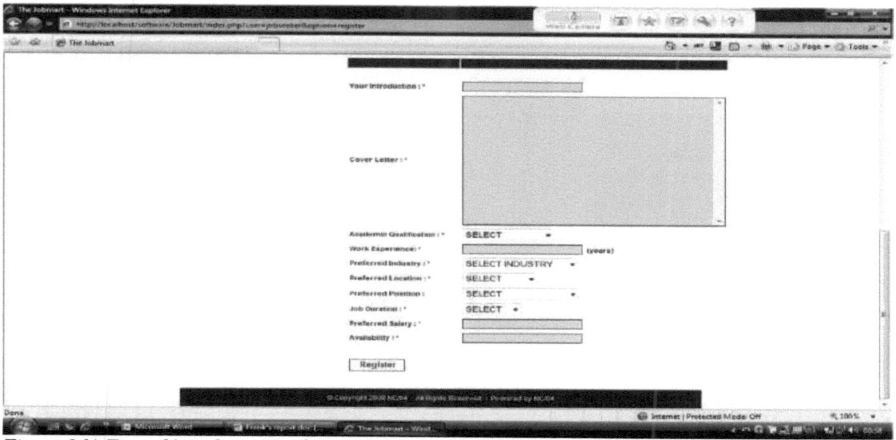

Figura 2 b) Formulário de registo dos candidatos a emprego

Figura 3. Página de início de sessão do candidato a emprego

Figura 4. Interface do candidato a emprego onde pode ver os empregos disponíveis no seu sector de atividade.

Figura 5 (a) Pormenores do trabalho

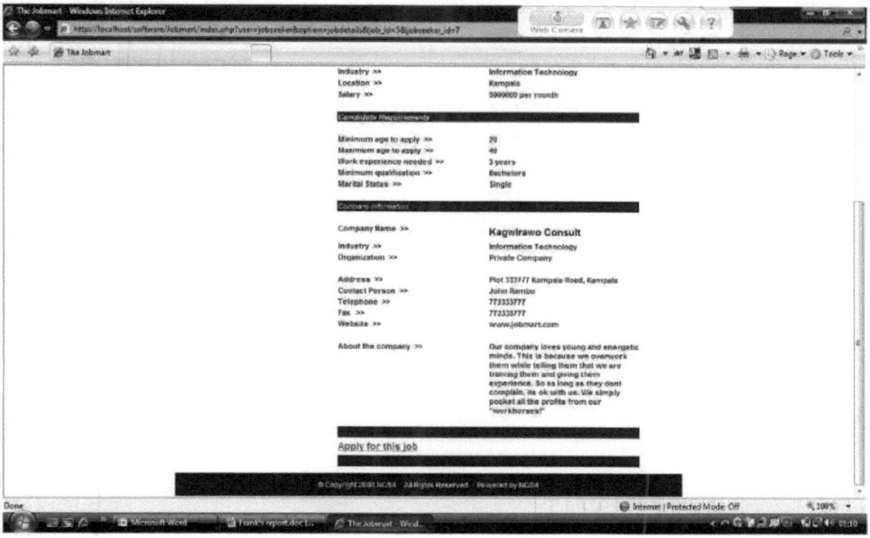

Figura 6 (b). Detalhes do trabalho continuação

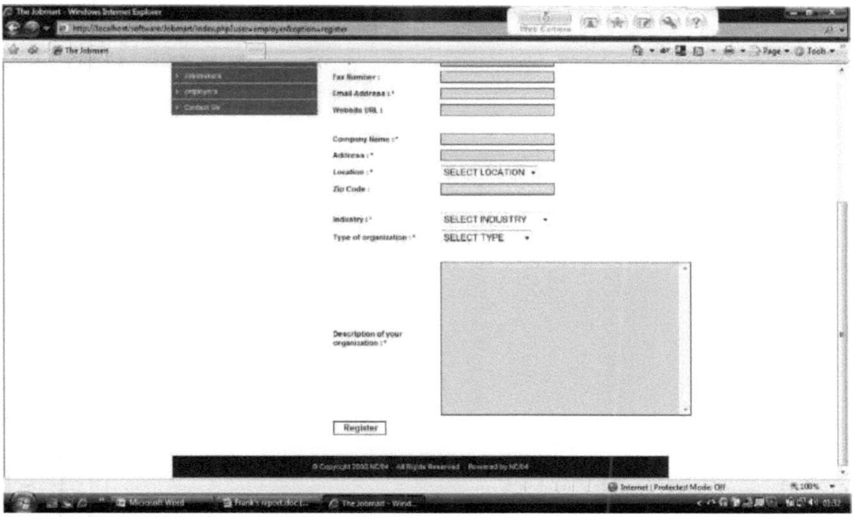

Figura 7. Formulário de registo do empregador

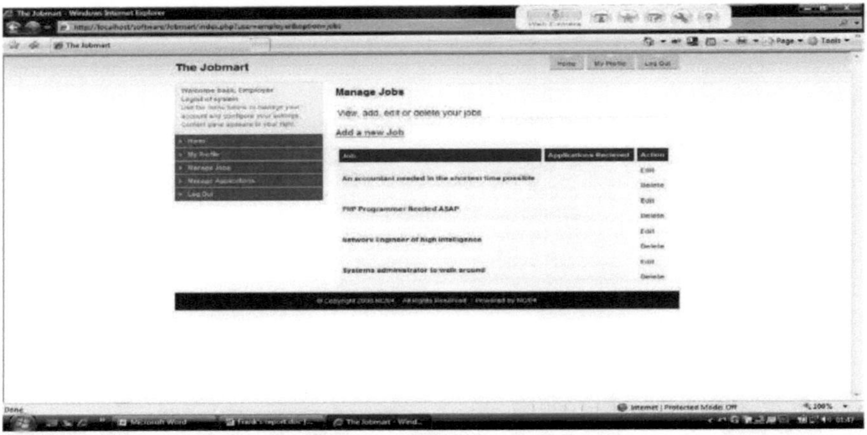

Figura 8. O empregador gere os postos de trabalho.

Apêndice B

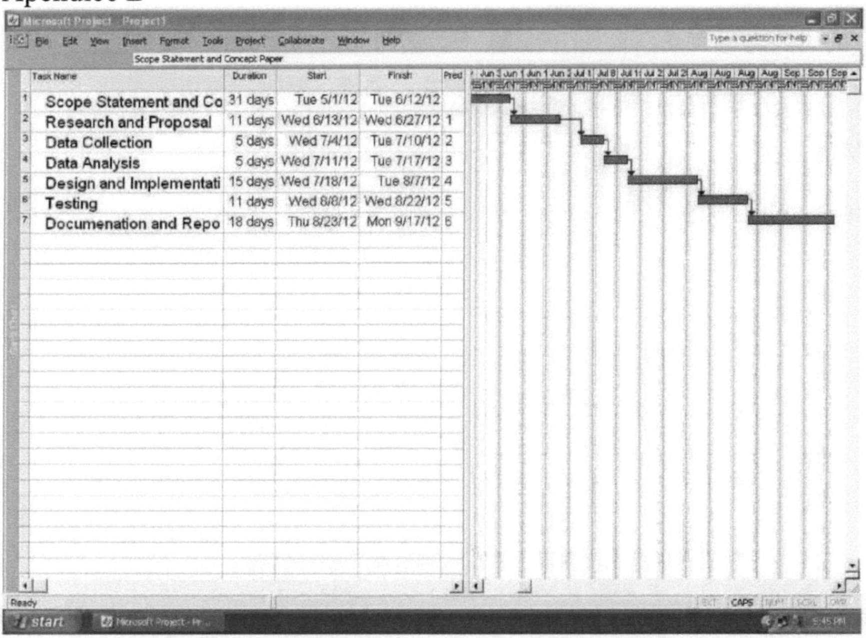

Apêndice C

Guia de entrevista para candidatos a emprego

O principal objetivo deste projeto é desenvolver uma ferramenta informática que ajude os candidatos a encontrar facilmente empregos e os empregadores a encontrar candidatos adequados.

As informações prestadas aos entrevistadores serão utilizadas apenas para fins académicos e serão mantidas com rigorosa confidencialidade.

Data ....

Nome .... Género ....

Título/of'fice ....

1. Que meios de candidatura utilizou para se candidatar a um emprego? Foi manual ou eletrónico?

___

___

___

2. Conseguiste o emprego?

___

___

___

3. Em caso afirmativo, quanto tempo demorou o processo acima referido?

___

___

___

4. Que problemas (se os houver) enfrentou?

___

___

___

5. Como pensa que os problemas acima referidos poderiam ser resolvidos?

___

___

___

6. Considera que um sistema informatizado facilitaria o processo de procura de emprego? E se não, porquê?

Obrigado pelo vosso tempo.

Nome do Entrevistador ....

Apêndice D

Guia de entrevista para empregadores

O principal objetivo deste estudo é desenvolver uma ferramenta informática que ajude os empregadores a encontrar candidatos adequados e os candidatos a emprego a encontrar empregos adequados

As informações fornecidas aos entrevistadores serão utilizadas apenas para fins académicos e serão mantidas com a máxima confidencialidade

Data ....

Nome ....Género......................................

Título/escritório...

1. Como é que se arranjam empregados?

2. Como é que se processa o recrutamento?

3. Com que problemas se depara quando recruta?

4. Como tenciona resolver os problemas acima referidos?

5. Considera que um sistema informatizado facilitaria o processo de recrutamento? E se não, porquê?

Obrigado pelo vosso tempo

Nome de
Entrevistador ....

MIX
Papier aus verantwortungsvollen Quellen
Paper from responsible sources
FSC® C105338

Printed by Books on Demand GmbH, Norderstedt / Germany